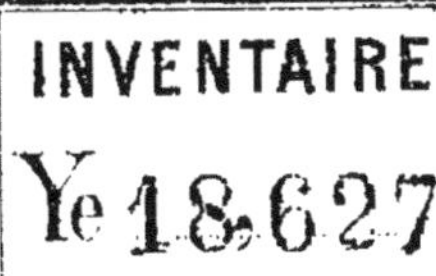

L'AMI
DE
LA GOGUETTE,

CHANSONS,

PAR G. J. E. CHRISTOPHE.

PARIS,
IMPRIMERIE D'AUGUSTE BOBEE,
RUE DE LA TABLETTERIE, N° 9.

1824.

L'AMI

DE

LA GOGUETTE.

L'AMI

DE

LA GOGUETTE,

CHANSONS,

PAR G. J. E. CHRISTOPHE.

PARIS,
IMPRIMERIE D'AUGUSTE BOBÉE,
RUE DE LA TABLETTERIE, N° 9.

1824.

AVERTISSEMENT.

Après tant de chansonniers célèbres, on ne s'attendait guère à voir paraître le recueil d'un auteur peu connu dans la littérature. Ce petit livre a été livré à l'impression, moins pour satisfaire la vanité si commune à tous les hommes, que pour me rendre au désir de quelques-uns de mes amis. On ne trouvera pas, dans mes chansons, ce charme de poésie, ni ce tac fin et original qui distinguent nos bons faiseurs, mais quelques étincelles d'une imagination qui se plait à faire passer dans le cœur des bons vivans, cette gaîté qui fait le charme des réunions et atténue les peines de la vie.

Si le Public, de qui je réclame l'indulgence, goûte seulement quelques-unes de mes productions, je ne regretterai pas de les avoir mises au jour. Puisse-t-il y rencontrer quelque chose de bon, comme autrefois Virgile trouva des perles cachées dans le fumier d'Ennius!

—

L'AMI
DE
LA GOGUETTE.

L'ÉCRIVAIN PUBLIC.

Air : Je loge au quatrième étage.

J'ÉTAIS las de chercher fortune
Et de maudire mon destin,
Lorsqu'une pensée opportune
Vint m'éclairer un beau matin.
Mon plan me paraissait fort sage,
Car ma bourse était ric à ric,
Et, pour me sauver du naufrage,
Je me fis *écrivain public*.

Quoique gêné dans ma bicoque
Placée au long d'un bâtiment,
Je suis, que ce mot ne vous choque,
Un être toujours important :
Pour le savoir nul ne me passe,
J'ai de la tête et de la main ;
Je ne brigue pas d'autre place,
Car mon bénéfice est certain.

Je sais copier la musique,
Des avis et des écriteaux ;
Simplifier l'arithmétique
Par des calculs clairs et nouveaux :
Je démontre aussi la lecture
Bien mieux qu'un frère ignorantin ;
Je suis grand maître en écriture
Et dans le gros et dans le fin.

Chacun voit tout à sa manière ;
Moi, soit amour, soit intérêt,
Je ne suis jamais en arrière
Quand il faut garder un secret :
Aussi chaque jour, à la file
Je vois arriver les chalans,
Et, dans mon art toujours habile,
Je satisfais les plus pressans.

L'un veut que j'écrive à sa belle,
Parce, dit-il, qu'il est certain
Qu'elle est devenue infidelle
Avec Germeuil un beau matin :
« Ecrivez-lui que je renonce
A ses attraits, à son amour ;
Que le serment que je prononce
Est de l'oublier sans retour. »

L'autre, dans Marton voit des charmes
Qui lui font naître le désir ;
De ses yeux il coule des larmes,
Mais ce sont celles du plaisir :
« Cher écrivain, peignez ma flamme,
Dit-il, et tous mes sentimens;
Dites à ma charmante dame
Ce que pour elle je ressens. »

Arrive en pompeux équipage
Un quidam mis comme un seigneur,
Que je prendrais, à son visage,
Pour un honnête homme en faveur :
« Hélas ! me dit le pauvre cuistre,
Le besoin me fait une loi ;
Vite ! un placet pour le ministre !
Je veux obtenir un emploi. »

Vient un faiseur de comédie
Chargé d'un brouillon fort massif;
Son maintien et sa modestie
Annoncent un auteur craintif:
Il faut lui faire une copie,
Mettre au net son *très cher enfant*;
Et sur cette œuvre du génie
Je m'escrime assez savamment.

Un gros lourdeau de la province
Me dit : « Monseigneur l'écriveux,
J'ai zune affair' qui n'est pas mince,
Ecrivez à mon procureux.
De d'puis deux ans qu'il a mes pièces
Pour un bon magot qui me r'vient,
Je veux les offrir à mes nièces,
D'mandez-lui pourquoi c'qu'il les r'tient. »

Enfin avec un peu de zèle
Je viens à bout de mes projets :
Je sais attendrir une belle ;
Gagner ou perdre des procès ;
Recueillir de bons héritages ;
Correspondre avec des amis,
Des parens, de grands personnages ;
Sur tout je donne mes avis.

Voilà tous mes talens ; j'espère
Que vous ne me blâmerez pas ;
Quand on veut braver la misère
Tout métier offre des appas.
Avec de la philosophie,
Peu de chagrin, peu de plaisir,
On sait se créer dans la vie
Des ressources pour l'avenir.

LE CABARET.

Air : V'là c'que c'est qu' d'aller au bois.

Assemblage de tous les rangs,
De sages et d'extravagans,
De rêveurs et de fort bons drilles,
De garçons, de filles,
D'honnêtes familles;
En deux mots je le dis tout net,
V'là c'que c'est que l'cabaret.

Toujours, en ce lieu séduisant
On peut voir un tableau mouvant;
Chacun fait valoir sa personne;
Là bas l'on raisonne,
Ici l'on détonne;
On babille, on est indiscret,
V'là c'que c'est que l'cabaret.

Souvent, par de joyeux amis
Un gai rendez-vous est promis;
On se jure amitié sincère
En vidant son verre;
On se quitte en frère;

De se revoir on se promet,
V'là c'que c'est que l'cabaret.

De Bacchus le riant séjour
Sert par fois de temple à l'amour;
On caresse une femme aimable,
Douce, charitable;
Enfin, sur la table
On renverse, on baise Babet,
V'là c'que c'est que l'cabaret.

Lorsque la divine liqueur
Brouille le cerveau du buveur,
On se chamaille, on fait tapage,
Et le cri de rage
Prélude à l'orage,
Puis on s'arrache le toupet,
V'là c'que c'est que l'cabaret.

Avec le vin, certain auteur
Voulant retrouver sa chaleur,
Court au bouchon du voisinage,
Boit le doux breuvage,
Se met à l'ouvrage;
Bientôt il en ressent l'effet,
V'là c'que c'est que l'cabaret.

Voulez-vous connaître le fin
Des cupides marchands de vin ?
Ils vous servent du vin de Brie
Coloré de lie
Pour du Malvoisie,
Du Surêne pour du Toquet,
V'là c'que c'est que l'cabaret.

PARALLÈLE.

Air de la gaze.

Si l'amour donne des plaisirs,
Le vin en offre aussi de même ;
L'amour cause de vains désirs,
Le vin procure un bien extrême ;
L'amour captive nos beaux ans,
Le vin réjouit la vieillesse ;
L'amour vieillit chaque printems,
Mais le vin nous rend la jeunesse.

LA LANTERNE.

Air : Trouverez-vous un parlement.

Il était nuit, le tems brumeux,
Tout, dans Paris, était tranquille ;
Je cheminais d'un air joyeux
Et gagnais mon modeste asile ;
Lorsqu'un poétique transport,
M'inspirant quelque baliverne,
Me fit arrêter tout d'abord
A la lueur d'une *lanterne*.

En l'absence du dieu du jour,
A ma muse par fois propice,
Je me sers, dans ce carrefour,
D'une clarté pâle et factice.
Là, je consulte la raison
Qui bien rarement me gouverne ;
Et, voulant faire une chanson,
Je prends pour sujet: *La Lanterne*.

Est-il bien de se reposer
Aussitôt que le jour s'écoule ?
Et l'homme doit-il se coucher
A nuit close, comme la poule ?

Non ; mais s'il faut se retirer
Du spectacle ou de la taverne,
Heureux qui, pour s'orienter,
Trouve en chemin une *lanterne*

Mais par un arrêt du Destin,
Ce guide sûr et secourable,
Vrai chef-d'œuvre du genre humain,
Ne fut pas toujours favorable ;
Car dans ces tems trop malheureux,
Dont le souvenir est moderne,
Fussiez-vous sage et vertueux,
On vous pendait à la *lanterne*.

Un philosophe d'autrefois
Portait toujours ce meuble utile,
Il ne s'en servait quelquefois
Qu'en plein jour, pour courir la ville :
Trouver *un homme* est incertain,
Dit-il aux spectateurs qu'il berne ;
Dès longtems je le cherche envain
A la lueur de ma *lanterne*.

Jouets de la fragilité,
Hélas ! que d'hommes sur la terre,
Enfans de la stupidité,
Ferment les yeux à la lumière !

Hé ! combien n'en voyons-nous pas,
Sortis du bourbier de l'Averne,
Qui, pour gouverner les états,
Auraient besoin d'une *lanterne !*

Voyez-vous cet esquif flottant
Au gré de l'onde qui bouillonne ?
Il va s'engloutir à l'instant,
Partout le danger l'environne :
Bientôt à l'aspect de la mort
Tout l'équipage se prosterne ;
Mais, ô bonheur ! il touche au port,
Chacun signale la *lanterne*.

Les vrais amans, à l'unisson,
Recherchent l'ombre du mystère ;
Ils évitent avec raison
L'éclat trompeur d'un réverbère.
Sans cesse en proie à la terreur,
Sortant de sa sombre caverne,
Plus d'un brigand, plus d'un voleur
Craint le reflet d'une *lanterne*.

Mais ici finit mon devoir.
Tandis qu'en ce lieu je m'enrhume,
Le fluide perd son pouvoir,
La mêche brûle et se consume :

Enfin ma verve s'affaiblit,
Mon œil se gonfle et devient terne;
Il est tems de me mettre au lit
Et d'abandonner ma *lanterne*.

LE M[d] DE CORDONS.

AIR : Depuis longtems on tambourine.

ON voulait m'fair' fair' mes études
Afin de m'rendre un peu savant,
Mais de mauvaises habitudes
Firent que J'restai zignorant.
Mon père m'dit un jour : Grand' bête,
Pisque t'as oublié tes l'çons,
J'ai zun bon projet dans la tête,
J'veux t'établir marchand d'*cordons*.

Depuis c'tems-là j'suis en boutique,
Mes affair's vont assez grand train;
De tenir du bon je me pique,
C'est c'qui la coupe à mon voisin :
Je n'suis pourtant jaloux d'personne,
Mais comm' chacun veut prospérer,
Je tâch' toujours d'être à la bonne
Avec qui vient pour m'acheter.

De plus de cent lieues à la ronde
Accourent chez moi l'samateurs ;
J'ai de quoi contenter tout l'monde
Pour les qualités, les couleurs ;
Bien peu comm' moi, sur ma parole,
Satisfont et l'goût et l'désir ;
J'tir' profit d'la mod' qui s'envole
Et j'prévois celle qui doit v'nir.

Je vends fort cher à la coquette
Qui fait rançonner d'gros seigneurs,
Et quelquefois à la grisette
Pour rien je cède mes *faveurs* ;
Mais ennemi de la lésine
Qui fait peur au p'tit Cupidon,
Pour plaire à ma belle voisine
J'lui prête souvent mon *cordon*.

Comm' tout hausse ou tombe sur terre,
Principal'ment chez l'genre humain,
Que tout s'dilate ou se resserre
Selon les arrêts du destin ;
Une prude dans la vieillesse,
Et qui s'croit encore un tendron,
Pour sout'nir sa gorge qui baisse
A par fois besoin d'un *cordon*.

Pour mettre en branle une sonnette,
Ouvrir la porte à tout venant,
Ceindre les reins d'une nonette
Ou d'un franciscain nonchalant;
Pour attacher à la potence
L'malfaiteur indigne d'pardon,
On vient chez moi de préférence
Fair' des emplètes de *cordons*.

Jaloux d'amasser ma pécune,
Je vous l'avou', je n'prétends pas,
A certain ruban qu'la fortune
Accorde à nos braves soldats;
Je suis peureux par caractère,
Aussi je n'veux d'autre *cordon*
Que celui qui tient, d'ma bergère,
Ou le corset ou le jupon.

Je ne vas plus loin, de crainte
De chevaucher, et puis encor,
Trahissant un peu ma contrainte,
D'vous dir' tout mon confiteor.
Exercez votre ton sévère
Tant qu'vous voudrez sur ma chanson;
Mais pour Dieu, dans votre colère,
Ne m'envoyez pas le *cordon*.

CONSEIL

A CEUX QUI EN ONT BESOIN.

AIR : Voilà la manière.

D'UNE humeur badine,
Chasser le chagrin ;
Chérir sa voisine,
Aimer son voisin ;
Fuir avec horreur
L'astuce fourbe et mensongère;
Aux lois de l'honneur
Assujétir sa vie entière ;
Et, dans le mystère,
Soigner ses amours,
Voilà la manière
De *plaire* toujours.

Aux champs de Bellone
Braver le danger,
Quand le canon tonne
Ne jamais broncher ;
Tenir avec soin,
Franchir un mont, une rivière ;

Savoir au besoin
Être prudent ou téméraire;
Coucher sur la terre
Les nuits et les jours,
Voilà la manière
De *vaincre* toujours.

Sitôt que Pomone
Mûrit le raisin,
Au fond de la tonne
Préparer le vin;
Puis dans le caveau
Transporter ce jus salutaire;
Sortant du tonneau
Le comprimer entre le verre;
De son ordinaire
Bien règler le cours,
Voilà la manière
De *boire* toujours.

Marcher sur la trace
De nos grands auteurs;
Ecrire avec grace,
Charmer les lecteurs;
Du bon et du beau
Maintenir la règle première,

Imiter Boileau,
Racine, Voltaire ou Molière;
Être un peu sévère,
Sage en ses discours,
Voilà la manière
De *briller* toujours.

PLEURONS, CHANTONS.

AIR : C'est l'eau qui nous fait boire... du vin.

PUISQUE sur tous les tons
Je dois monter ma lyre,
Commençons, mais pour rire
Pleurons, pleurons, pleurons :
Si pour jouir et boire
Il nous faut des chansons,
Amis, daignez m'en croire,
Chantons, chantons, chantons.

Quand nous réfléchissons
Sur notre triste vie,
Avec philosophie
Pleurons, pleurons, pleurons :

Si le destin prospère
Nous prodigue ses dons,
Jouissons sur la terre,
Chantons, chantons, chantons.

Si par fois nous cherchons
La sombre tragédie,
Avec Iphigénie
Pleurons, pleurons, pleurons :
Quand la gaîté fertile
Nous offre ses leçons,
Avec le vaudeville
Chantons, chantons, chantons.

Lorsqu'un de nos lurons,
Trahi par la victoire,
Meurt au champ de la gloire,
Pleurons, pleurons, pleurons ;
Mais si, par son courage,
Il fend les escadrons,
Et survit au carnage,
Chantons, chantons, chantons.

Les mortels aquilons
Froissent-ils notre vigne,
Sur ce malheur insigne
Pleurons, pleurons, pleurons ;

Mais dès que le Bourgogne
Fait sauter les bondons
Et rougit notre trogne,
Chantons, chantons, chantons.

Quand nous regretterons
Les plaisirs du jeune âge,
De dépit et de rage
Pleurons, pleurons, pleurons;
Mais aux cris de la Parque,
Si nous nous ranimons,
En entrant dans la barque
Chantons, chantons, chantons.

ÉPIGRAMME.

AIR : Réveillez-vous, belle endormie.

C'EST Périclès pour la sagesse,
Anacréon pour la gaîté;
C'est un Pâris pour la tendresse,
Un vrai Claude pour la bonté.

CE Q'UON AIME
NE PEUT S'OUBLIER.

Air : Sur un tonneau, sur un tonneau.

Veut-on faire choix d'une amante
Sous les auspices de l'Amour ?
On lui jure amitié constante,
Dont on est payé de retour ;
Mais si, devenant infidelle,
L'ingrate prend un autre essor,
En renonçant à la cruelle,
On l'aime encor, on l'aime encor.

Une importune maladie
Ote-t-elle jusqu'aux désirs,
Il faut, avec philosophie,
Dit-on, renoncer aux plaisirs ;
Mais comment perdre la mémoire
Du vin, délicieux trésor ?
Quand on promet de n'en plus boire,
On l'aime encor, on l'aime encor.

O toi qui seras toujours chère,
Amitié, charme des mortels,
Trop heureux qui peut, sur la terre,
Encenser tes divins autels!
La mort a beau se faire entendre
Et nous traîner au sombre bord,
Ah! quand on perd un ami tendre
On l'aime encor, on l'aime encor.

En plaintes notre siècle abonde,
Chacun médit de son état;
L'homme, sur la scène du monde,
Veut briller d'un certain éclat;
Malgré cette importune envie,
Pauvre ou riche on arrive au port;
Et lorsqu'il faut quitter la vie,
On l'aime encor, on l'aime encor.

Auteurs qui recherchez la gloire
Que le seul talent sait donner,
Voulez-vous régner dans l'histoire?
Dans vos écrits il faut charmer.
Toi qui vivras dans tous les âges,
Dont la muse est toujours d'accord,
Heureux Pauard, par tes ouvrages
On t'aime encor, on t'aime encor.

BACCHUS
EST TOUJOURS AVEC NOUS.

Air : Un magistrat irreprochable.

Envain l'impétueux Borée,
S'élançant de ses noirs états,
Vient, sur la terre consternée,
Répandre ses âpres frimas :
Tenant en main une bouteille,
Bravons son injuste courroux :
Si nous ne sommes sous la treille,
Bacchus est toujours avec nous.

Au sein d'une affreuse disette
De francs buveurs manquaient de pain ;
Mais une infaillible recette
S'oppose aux ordres du Destin :
« Amis, dit l'un, Dieu me pardonne,
Le malheur n'est point fait pour tous ;
Car si Cérès nous abandonne
Bacchus est toujours avec nous. »

Lorsque la fougueuse jeunesse
Nous pousse aux transports amoureux,
Bientôt une jeune maîtresse
Partage nos goûts et nos feux ;
Mais quand Saturne, sur ses traces,
Nous entraîne, pauvres époux !
Nous perdons les faveurs des grâces,
Bacchus est toujours avec nous.

Pour oublier une infidelle,
Fuir des ingrats, de faux amis ;
Pour appaiser une querelle
Ou terrasser des ennemis ;
Pour mépriser l'auteur qui fronde,
Les envieux et les jaloux ;
Pour narguer femme qui nous gronde,
Bacchus n'est-il pas avec nous ?

Amis, partageons notre vie
Entre l'amour et la gaîté ;
Un seul petit grain de folie
Ne peut nuire à notre santé :
Et quand la mort qui tout dévore,
Nous accablera de ses coups,
Puissions-nous répéter encore :
Bacchus est toujours avec nous.

LE PAVÉ.

Air : Trouverez-vous un parlement.

Je sais plus d'un auteur hupé
Qui chanta la verte fougère,
L'édredon et le canapé,
La mousse et la molle bergère :
Puisque tout sert à la chanson,
Messieurs, je vais donc vous apprendre
Que, sans dédaigner le gazon,
Sur le *pavé* je vais m'étendre.

L'on me dira que j'ai grand tort,
Ou que je suis un pauvre apôtre ;
Mais je répondrai tout d'abord :
Pour moi ce siège en vaut un autre ;
Car dans le siècle où nous vivons,
Où tant de projets sont rebelles,
Combien de grandeurs nous voyons
Tomber le cul entre deux selles !

Parmi tant d'êtres importans
Qui courent la chance commune,
Il en est pourtant quelques-uns
Qui savent fléchir la Fortune,

Et qui bientôt sur le *pavé*,
D'où par fois les bonds les repoussent,
Font rouler leur wiski doré
Sur les passans qu'ils éclaboussent.

Le Destin qui gouverne tout
Offre de singuliers contrastes,
Et c'est sur le *pavé* surtout
Qu'il fournit des sujets bien vastes :
Sur le *pavé*, plus d'un commis
A vu récompenser son zèle ;
Sur le *pavé*, que de maris
Courent après leur infidèle !

Sur le *pavé*, d'humbles talens
Promènent leur frêle existence,
Lorsque de rusés charlatans
Font valoir leur mince science :
Victimes d'un cruel mépris,
Leur voix ne peut se faire entendre ;
Sur le *pavé*, privé d'amis,
Aux emplois ose-t-on prétendre ?

Sur le *pavé*, ne voit-on pas
L'ivrogne reposer sa tête ;
Des importans, des fiers-à-bras,
Et des chiens traînant des charrettes?

Que de musiciens ambulans
Ecorchant des chansons nouvelles!
Que de badauds, que de marchands,
De filles au coin des ruelles!

Mais c'est assez me fatiguer,
D'être durement je me lasse;
Moi qui brûle de me lever,
A qui veut je cède ma place.
Je termine ici, pour raison,
Je crains de manquer de finesses,
Et de voir ma pauvre chanson
Sur le *pavé* voler en pièces.

AMOUR ET GLOIRE.

AIR : Eh! ma mère, est-ce que j'sais çà.

QUAND le Français intrépide
Veut affronter le danger,
Son projet vif et rapide
Le fait toujours triompher:
Fier d'une double victoire,
Il plait, combat tour-à-tour;
Il donne un jour à la gloire,
Il donne un jour à l'amour.

BUVONS TOUJOURS.

Air : Çà va bon train.

Puisqu'il faut qu'ici chacun chante
Ou la folie ou la raison,
Permettez que je vous présente
Une chanson :
Malgré les défauts que j'évite,
Si mes couplets sont à rebours,
Pour les faire passer bien vite
Buvons toujours.

Dans l'âge heureux de la jeunesse,
Et du bonheur et du plaisir,
Possédons-nous une maîtresse?
Il faut jouir :
Mais lorsqu'aux lois de l'inconstance
Elle assujétit les amours,
Pour narguer son indifférence
Buvons toujours.

Il est des instans de souffrance
Dont l'homme se sent accabler,
Il faut avec persévérance
Les supporter ;

Et si la mort, par fois tardive,
Nous accorde encor quelques jours,
Jusqu'à ce qu'enfin elle arrive
Buvons toujours.

Si le verseau, sur notre vigne,
Répand son torrent destructeur,
Ou l'aquilon, d'un souffle indigne,
Froisse sa fleur ;
Malgré ce funeste prélude,
Aux plaisirs ne soyons point sourds,
En attendant, par habitude,
Buvons toujours.

On sait qu'il est assez d'usage
Qu'un docteur défende le vin ;
Mais servons-nous de ce breuvage
Jusqu'à la fin :
Si pour combattre notre bile,
Aux tisannes il a recours,
Ne faisons pas le difficile,
Buvons toujours.

Si pour nous la gloire a des charmes,
Admirons ces vaillans guerriers
Qui moissonnèrent par leurs armes
Tous les lauriers.

Du génie et de la vaillance
Rien ne peut arrêter le cours;
Aux arts, au bonheur de la France
Buvons toujours.

COUPLET A M. F***, CHASSEUR,

EN LUI PRÉSENTANT UN GRENADIER LE JOUR DE SA FÊTE.

Air : Quand Dieu noya le genre humain.

De cette fleur si j'ai fait choix,
C'est que son emblême intéresse,
Et qu'elle est bien digne, je crois,
D'être donnée à la sagesse :
Dans les cités, au champ d'honneur,
Dans les lieux où la vertu veille,
Le GRENADIER et le CHASSEUR
Dans tous les tems ont fait merveille.

CHACUN SON GOUT,

BOUTADE.

AIR : J'ai vu partout dans mes voyages.

CHACUN, dans le siècle où nous sommes,
Pense et médite à sa façon;
L'un veut à jamais fuir les hommes,
L'autre les cherche avec raison;
L'un chérit la modeste prose,
L'autre a la passion des vers;
L'un aime le tems de la rose,
L'autre préfère les hivers.

L'un veut vivre dans l'anarchie,
L'autre sous un noble empereur;
L'un recherche la comédie,
L'autre la fuit avec horreur;
L'un toujours tempête et querelle,
L'autre déteste les débats;
L'un adore un sexe femelle,
L'autre fuit loin de leurs appas.

L'un voudrait voyager sur terre,
L'autre naviguer sur les eaux ;
L'un s'exalte au bruit de la guerre,
L'autre se plait dans le repos ;
L'un possède le grand courage,
L'autre n'a nullement de cœur ;
L'un par goût se livre à l'ouvrage,
L'autre l'évite avec ardeur.

L'un dans tous les tems est volage,
L'autre, au contraire, est plus constant;
L'un des vertus sait faire usage,
L'autre n'a pas de sentiment.
C'est ainsi que dans ce bas monde
Chaque mortel pense autrement ;
Sur son pauvre esprit il se fonde
Et n'en est pas moins ignorant.

LE VIN.

Air du vaudeville des trois Fanchons.

Mes amis, à cette table
Nous sommes comme les dieux;
Si ce plaisir n'est durable
Il est plus délicieux:
Dans l'ardeur qui me possède,
Si l'un de vous sert le vin,
Je crois voir un Ganimède
Servant le nectar divin.

Lorsque l'élément liquide
Vint engloutir l'univers,
Dieu fit une arche solide
Qui brava les flots des mers,
Où Noé, par sa sagesse,
Rassembla le genre humain,
Et sauva, par son adresse,
L'arbre qui porte le vin.

Quand Vulcain, dans sa caverne,
Forgeait l'arme du guerrier,
Il avalait du Falerne
Pour humecter son gosier;

Bacchus, vainqueur de l'Asie,
Chantait toujours ce refrain :
Amis, il faut dans la vie
Vider son flacon de vin.

Si l'on est dans la jeunesse
On ne connait que l'amour ;
On veut près de sa maîtresse
Passer la nuit et le jour ;
Mais dès que l'âge nous glace,
Pour rechauffer notre sein,
Le seul remède efficace
Est un bon flacon de vin.

Verrons-nous toujours Bellone
Troubler les peuples divers ?
Cédera-t-elle à Pomone
L'empire de l'univers ?
Moi, si j'étais roi sur terre,
Je bénirais mon destin,
Car je ne ferais la guerre
Qu'avec un flacon de vin.

LA RAISON.

AIR Si Pauline est dans l'indigence.

UN mot que tout le monde vante,
Dont se moquent beaucoup de gens,
Et dont l'acception constante
Exprime toujours le *bons sens ;*
Un mot qui sert à la vieillesse
Pour donner sa docte leçon ;
Un mot qui fait fuir la jeunesse,
Mes chers amis, c'est la *raison.*

Si le destin peu charitable
Nous prive de la liberté,
Dans un cachot épouvantable
Nous éprouvons l'adversité ;
Mais las d'une plainte importune
Nous fredonnons une chanson,
Et nous perdons notre infortune
Entre les bras de la *Raison.*

Quand le besoin d'aimer, de plaire,
Exalte notre amour naissant,
Alors le cœur de peut se taire,
Il a besoin d'épanchement :

Timide, en voyant notre amante,
Nous éprouvons certain frisson,
Car, près d'une femme charmante
Est-on maître de sa *raison?*

Basile, dans le mariage
Croyait trouver le vrai bonheur;
Il sut que sa femme volage
Manquait très souvent à l'honneur:
Pour surprendre son infidelle
Il se fourra dans la cloison;
Que vit-il? il vit la cruelle
Avec Luc perdant la *raison.*

Envain un auteur à la glace,
Des muses chétif avorton,
Voudrait arriver au Parnasse
En dépit du docte Apollon;
Sur tous les genres il s'escrime,
Et n'y fait pas tant de façon;
Mais s'il trouve par fois la rime,
C'est aux dépens de la *raison.*

Sur ce mot s'il fallait m'étendre
Je ne finirais pas, je crois;
Pourtant, lorsqu'on veut bien s'entendre,
Il faut s'en servir quelquefois:

Dans le commerce, en politique,
En tous lieux, en toute saison,
Contre l'insolent, le critique,
Employons toujours la *raison.*

ACROSTICHE.

AIR : Une fille est un oiseau.

Si le saint que nous fêtons
Accueillait l'humble indigence,
Il aimait aussi, je pense,
Nymphe aimable et les chansons.
Tout séduit dans sa personne;
Mâle guerrier de Bellone,
Aimant le jus de la tonne,
Riant, fuyant les abus;
Théiste, prêcheur insigne,
Il disserta sur la vigne,
N'oublions pas ses vertus.

A MON PÈRE.

Air : C'est à mon maître en l'art de plaire.

Je veux, en style de grammaire,
Vous prouver qu'il est *positif*,
Que mon cœur, brûlant de vous plaire,
Vous chérit au *superlatif* :
Pour l'amitié que je vous porte
Il n'est point de *comparatif* ;
Car, toujours soumis, je m'exhorte
A suivre votre *impératif*.

Ne craignez pas que ce langage
Envers vous devienne *passif* ;
A mon cœur toujours votre image
Se joindra par le *conjonctif* :
Fier de garder votre tendresse,
Je souhaite, à l'*affirmatif*,
Que vos jours, exempts de tristesse,
S'écoulent à l'*infinitif*.

LA COUPE DE LA VIE.

AIR : Je ne suis pas de ces vainqueurs.

EN ce court moment de bonheur,
Que chacun d'entre nous s'apprête
A répéter avec ardeur
Le refrain d'une chansonnette ;
Point de peine ni de chagrin,
Bacchus, l'Amour et la Folie
Viendront avec nous, dans le vin,
Plonger la *coupe de la vie.*

Un guerrier, au champ de l'honneur,
Est toujours sûr de la victoire,
Si, pour augmenter sa valeur,
Il sait rire, chanter et boire :
Vainqueur, il dépose soudain
Le fer vengeur de la patrie ;
Sous les lauriers il boit du vin
Avec la *coupe de la vie.*

Le pauvre, après de longs travaux,
Retourne au sein de sa chaumière,
Goûter le plaisir, le repos
Dans les bras de sa ménagère ;

Puis afin, jusqu'au lendemain,
D'éviter l'affreuse insomnie,
Il va, sur un tonneau de vin,
Boire à la *coupe de la vie.*

Écoutez bien cette leçon :
Si par fois vous êtes malade,
Ne prenez jamais pour boisson
De ces tisannes d'herbes fades;
Mes chers amis, pour rendre vain
L'espoir de la Parque ennemie,
Pour remède prenons du vin
Avec la *coupe de la vie.*

Puisqu'il faut enfin ici-bas
Passer des jours dans la tristesse,
Qu'au moins quelques joyeux ébats
Les fassent oublier sans cesse.
Pour fuir un funeste destin,
Dans nos bras pressons notre amie,
Et buvons toujours de bon vin
Avec la *coupe de la vie.*

L'*ET CÆTERA*.

AIR : Tenez, moi je suis un bonhomme.

ON dit que l'homme naît esclave,
Fût-il prélat ou grand seigneur;
Mais moi je soutiens d'un ton grave
Que l'on peut trouver le bonheur;
Des bornes de la convenance
Le mortel n'allant point *extrà*,
Peut jouir avec sa pittance,
Le vin, l'amour, *et cœtera*.

Avec sa timide bergère
Voyez le sensible berger;
Ils cherchent l'ombre du mystère
Au fond d'un bois, dans un verger :
D'abord ils parlent de tendresse,
Mais l'amour n'en reste pas là;
Il les aiguillonne, il les presse,
Et puis.... et puis.... *et cœtera*.

Babil, important personnage,
Cherche à contredire sur tout :
Un jour son méchant persifflage
Ne fut point poussé jusqu'au bout :

Il perdit soudain la parole,
Mais un malin le releva :
« Tout beau, vous perdez votre rôle,
Dites plutôt *et cætera.* »

Pour siéger à l'Académie,
Certain auteur vain et pédant
Fait valoir son faible génie
Et son esprit à tout venant.
Quelle œuvre met-il en pratique ?
Est-ce un poëme ? un opéra ?
Vous vous trompez, c'est un distique,
Un mélodrame, *et cætera.*

Aux amateurs, monsieur Mélange
Vante le vin de son caveau :
J'ai, dit-il, d'excellent Coulange,
Du Pomard, du Mâcon sans eau.
Il ne dit pas que dans la Brie
Il prend ses vins *benè clara*,
Qu'il les colore avec la lie,
Le Roussillon, *et cætera.*

Chers amis, qui daignez m'entendre,
N'allez pas faire de propos ;
Ne cherchez point à me reprendre
Sur cette espèce d'à-propos :

Chacun de vous, quoiqu'il en pense,
Avec moi-même redira
Que, pour voile de la prudence,
Il faut prendre l'*et cœtera*.

CHAQUE AGE A SES PLAISIRS,

OU

LE VIEILLARD PHILOSOPHE.

Air de M. Sylvandre.

Accablé du fardeau des ans,
J'étais plongé dans la tristesse,
De voir, sur les ailes du tems,
S'envoler ma folle jeunesse;
Silène vint me consoler:
Bois, me dit-il, tu peux m'en croire;
Jeune, on sent le besoin d'aimer,
Vieux, on sent le besoin de boire.

Depuis ce tems plus de soucis,
D'humeur ni de mélancolie,
Et je sais faire mes profits
D'une sage philosophie.

Heureux qui sait ainsi charmer
L'âge où l'homme perd la mémoire !
Jeune alors, s'il savait aimer,
Vieux, il sent le besoin de boire.

Voyez-vous ce june héros
Que l'honneur sous ses lois engage ?
Il va, par d'illustres travaux,
Signaler son bouillant courage :
Vif en amour, brave au danger,
Il a deux titres à la gloire ;
Si dans la paix il sait aimer,
En guerre il sait combattre et boire.

L'homme réglé dans ses désirs
Ne contraint jamais la nature,
Ni les chagrins, ni les plaisirs
Ne changent sa constante allure.
Comme lui sachons profiter
Avant de passer l'onde noire ;
Quand on est jeune il faut aimer,
Lorsque l'on est vieux il faut boire.

FOLIE DE JEUNESSE.

Air : Je déteste la manie.

J'aimais d'un amour extrême
Celle dont je suis l'époux ;
Mon père, par stratagême,
Ne pensait pas comme nous :
Le matin,
Dans un coin
Je rencontrais mon amie
Et lui jurais, sur ma vie,
D'obtenir un jour sa main.

Un beau jour, dans sa colère,
Mon père me fit coffrer
Dans un grenier de derrière
Qui donnait sur le verger :
Moi, d'abord,
Sans effort
Je saute par la croisée,
Chez ma maîtresse adorée
Bientôt j'arrive à bon port.

Mon père, à ce tour d'adresse,
Vit qu'il était important
De tolérer ma faiblesse,
De céder à mon penchant :
De douleur,
La douceur
Revint enfin dans son ame,
Ma Cloris devint ma femme,
Et je goûtai le bonheur.

SUR LE DÉTRACTEUR DES FEMMES.

AIR : Trouverez-vous un parlement.

ENVAIN le cruel détracteur
De la beauté sage et modeste,
Voudrait bannir de notre cœur
Le doux sentiment qu'il déteste :
Il peut critiquer les attraits
D'un sexe aimable et fait pour plaire,
Il ne lui ravira jamais
La bonté de son caractère.

SAINT MARTIN.

Air : Halte là!

Puisque ce jour nous rassemble,
J'invoque mon Apollon ;
Et pourtant, messieurs, je tremble
De vous offrir ma chanson ;
Mais fier de votre suffrage
J'accomplirai mon dessin ;
Ah ! secondez mon courage
En répétant ce refrain :
Sans chagrin,
Verre en main,
Chantons le grand *saint Martin*.

Qu'un avare impitoyable
N'ait point d'autre amusement
Que d'étaler sur sa table
Et son or et son argent ;
Moi, je n'ai pas la manie
De songer au lendemain ;
Je consulte la Folie
Qui me dit d'un ton malin :
Gai, badin,
Verre en main,
Aime le grand *saint Martin*.

Qu'un guerrier bouillant de gloire
Laisse tous soins superflus,
Et qu'à son char de victoire
Il enchaîne les vaincus;
Peu jaloux d'une conquête
Dont gémit le genre humain,
Je préfère un tête à tête
Où l'on chante ce refrain:
Gai, badin,
Verre en main,
Vive le grand *saint Martin!*

Que chacun s'arme d'un verre
Pour boire à notre patron,
A celui qui sur la terre
Fit triompher la raison;
Par ses vertus il fut digne
D'honorer le genre humain;
Ce qui le rend plus insigne
Il secourait son prochain.
Sans chagrin,
Verre en main,
Amis, chantons *saint Martin.*

L'AMOUR PRIVÉ DE SES AILES.

Air : Aux soins que je prends de ma gloire.

Le beau Lucas, la tendre Lise
S'aimaient du plus sincère amour;
Soins assidus, bonté, franchise
Etaient prodigués chaque jour :
« Pouvons-nous aimer davantage,
Dit un jour Lise à son Lucas;
On dit que l'Amour est volage,
Ne nous échappera-t-il pas? »

« Non, dit l'amant sans nul mystère,
Je connais un très sûr moyen
Pour fixer l'enfant de Cythère,
C'est d'invoquer le dieu d'Hymen.
Soumettons-nous sans résistance,
Je conçois un espoir flatteur;
Hymen, Hymen, par ta présence
Eternise notre bonheur! »

L'Hymen vient et coupe les ailes
Du dieu malin, en lui disant :
« Tu ne feras plus d'infidèles,
Désormais tu seras constant. »

Depuis cette époque chérie
Les deux dieux ne sont plus jaloux ;
Réunis, ils charment la vie
Des amans devenus époux.

INSCRIPTION

PLACÉE SUR LA PORTE D'UNE MARCHANDE DE VIN.

AIR du vaudeville d'Arlequin musard.

J'AIME bien mieux une Bacchante
Qui de Bacchus suivait le char,
Qu'une marchande impertinente
Qui dans Paris vend le nectar :
Chez Bacchus règnait la folie,
La bonne humeur et la gaîté,
Ici c'est la coquetterie,
L'arrogance et la vanité.

BUVONS, RIONS, CHANTONS.

Air : Hé ! ma mère, est-ce que j'sais çà.

Pour fuir la sombre tristesse,
Amis, divertissons-nous ;
Rien, pas même la richesse,
Ne vaut un plaisir si doux :
Pour instrumens de musique
Prenons verres et flacons ;
Chantons ce refrain bachique :
Buvons, rions et chantons.

De la sagesse rigide
N'écoutons point les clameurs,
Et prenons toujours pour guide
L'impulsion de nos cœurs :
Je crains peu le persifflage,
Aussi je dis sans façons:
Mes amis, pour être sage,
Buvons, rions et chantons.

En pleurant, un pauvre hère
Contait un jour ses malheurs :
Je veux, dit un bon compère,
Sécher un instant tes pleurs.

Il mène l'homme à sa table
Pleine de vin, de dindons :
Bravo ! dit le pauvre diable,
Buvons, mangeons et chantons.

Un parasite implacable
A ses fils disait souvent :
Si nous sommes à ma table,
Amis, ne mangeons pas tant ;
Pour devenir mes apôtres,
Ecoutez bien ces leçons :
Quand nous sommes chez les autres,
Buvons, mangeons et chantons.

Hipocrate a dit de boire
Pour exciter l'apétit ;
Chacun de nous doit l'en croire,
Car pour lui-même il le fit :
Pour être heureux en ce monde
Suivons ses doctes raisons,
Et répétons à la ronde :
Buvons, rions et chantons.

LE TAMBOURIN.

Air du Petit Matelot.

Qu'en ce jour la sombre tristesse
Cède le pas à la gaîté ;
Que l'amitié, que la tendresse
Remplacent l'animosité :
Oublions nos maux, notre peine,
Et, bannissant le noir chagrin,
Rions, chantons, formons la chaîne
Au son du joyeux *tambourin.*

Je hais l'orgueilleuse musique
Qui fait retentir le salon,
Et dont l'accord trop méthodique
Ne plait qu'à la froide raison :
Dans nos hameaux, dans nos chaumières
L'art veut pénétrer, mais envain ;
Il ne faut, pour plaire aux bergères,
Que la flûte et le *tambourin.*

Le guerrier veut-il de la gloire
Acquérir le brillant amour ?
Il marche droit à la victoire
Aux coups redoublés du tambour ;

Mais si la Paix, prudente et sage,
Arrête son heureux destin,
Pour les plaisirs, après l'orage,
Le tambour devient *tambourin*.

Je termine, c'est trop m'étendre
Sur un aussi mince sujet;
Ma lyre, qui veut se détendre,
Va terminer par ce couplet.
Unissons nos vœux, nos pensées,
Jouissons d'un bonheur sans fin,
Et puissions-nous, dans vingt années,
Entendre encor le *tambourin*.

ÉPIGRAMME.

Quelle est cette fière *dragonne*
A l'œil farouche, au creux cerveau?
Si je lui voyais un flambeau,
Je la prendrais pour Tisiphone.

LE MARIAGE,

COUPLETS CHANTÉS DANS UN BANQUET NUPTIAL.

AIR : La comédie est un miroir.

Des Muses faible nourrisson,
Je tremble d'accorder ma lyre;
Fais, ô Linus! que ta leçon
Me brûle du feu qui t'inspire.
Que dis-je ? déjà je ressens
Ce feu dont tu sais faire usage,
Et, possédant tes doux accens,
Je vais chanter le *mariage*.

Au tems des premières amours
Deux amans se prouvent leur flamme;
Ils jurent de s'aimer toujours,
Et l'Hymen captive leur ame:
L'amitié succède au désir,
Le vrai bonheur est leur partage;
Qui leur cause ce doux plaisir?
Ce sont les nœuds du *mariage*.

Las des honneurs et des revers,
Ayant contenté son envie,
Ulysse, abjurant l'univers,
Ne veut plus voir que sa patrie;
Vers Itaque il tourne ses pas
Et retrouve une épouse sage :
Viens, lui dit-il, viens dans mes bras,
Renouvelons le *mariage*.

Tout en chérissant la beauté,
Dit souvent le célibataire,
Je veux garder ma liberté,
Voilà quel est mon caractère;
Mais la sagesse et la raison
En lui survenant avec l'âge,
Il conclut qu'il faut sans façon
Goûter un jour du *mariage*.

Vous à qui j'offre ces couplets,
Aimez-vous bien toute la vie;
Aimer est un des grands secrets
Qui fait taire la calomnie :
Si par fois, dans votre séjour,
Il s'élevait quelque nuage,
Embrassez-vous, et que l'amour
Serre les nœuds du *mariage*.

COUPLETS

SUR LE MÊME SUJET.

AIR : Te souvient-il de la prairie.

LE MARIÉ.

Enfin, le dieu de la jeunesse,
Dispensant ses douces faveurs,
Dans un nœud que l'amitié presse
Vient de réunir nos deux cœurs.
Aimons avec persévérance,
L'HYMEN dit : *Espérez toujours.*
De l'amour et de la constance,
Ah ! ne bornons jamais le cours.

LA MARIÉE.

L'Hymen achève son ouvrage,
Il joint deux cœurs faits pour s'aimer ;
De la couronne du jeune âge
Sa main se plait à nous parer.
D'un ton dicté par la sagesse,
MINERVE dit : *Aimez toujours.*
De la vertu, de la tendresse,
Ah ! ne bornons jamais le cours.

UN CONVIVE.

Aimant l'amour et la bouteille,
D'ennui nous ne pouvons mourir ;
Avec la beauté sous la treille
Sachons boire et sachons jouir :
Livrons nos cœurs à la tendresse,
Quand BACCHUS dit : *Buvez toujours.*
Du nectar et de la tendresse,
Ah ! ne bornons jamais le cours.

UN AUTRE CONVIVE.

Du moraliste trop austère
Fuyons quelquefois les rigueurs ;
Nous ne sommes par sur la terre
Pour gémir et verser des pleurs.
Bannissons la sombre tristesse,
Quand LINUS dit : *Chantez toujours.*
De la gaîté, de la tendresse,
Ah ! ne bornons jamais le cours.

S^{T} JEAN PORTE-LATINE.

Air : La comédie est un miroir.

Au tems de nos premiers ayeux,
Nommés siècles de barbarie,
Parut un homme ingénieux
Qui découvrit l'imprimerie ;
Dès lors il fallut un patron
(Chaque chose a son origine),
On en prit un de grand renom,
Ce fut *saint Jean Porte-Latine.*

Depuis ce choix, chaque imprimeur
Dans un lieu désigné s'apprête
A célébrer avec ardeur
Cette noble et touchante fête :
S'il est joyeux en ce beau jour,
Aisément cela se devine,
C'est de témoigner son amour
Au grand *saint Jean Porte-Latine.*

L'or ne fait pas le vrai bonheur,
Il n'inspire que la mollesse ;
L'opulent connait la douleur
Au sein même de la richesse ;

Tandis qu'après de longs travaux,
L'homme en qui la raison domine,
Oublie à table tous ses maux
Avec *saint Jean Porte-Latine.*

Nous qui venons pour le chômer,
Offrons-lui le plus pur hommage,
Et que Bacchus fasse couler
Dans nos verres son doux breuvage.
Aimer, rire, boire et chanter,
Voilà quelle est notre doctrine :
Ensemble puissions-nous fêter
Longtems *saint Jean Porte-Latine.*

DISCRÉTION EN AMOUR.

Air : A voyager passant sa vie.

L'amant ne consulte personne
Quand l'Amour le prend dans ses rets;
Au dieu malin il abandonne
Ses jours, ses plus chers intérêts :
Pour lui le secret a des charmes
Qu'envain on voudrait lui ravir ;
En secret s'il verse des larmes,
Ce sont des larmes de plaisir.

CONTRE LA MANIE DU JOUR.

Air : J'étais bon chasseur autrefois.

Tout en chérissant la gaîté
Je devrais quelquefois me taire,
Car je ne sais, en vérité,
Qui peut gâter mon caractère :
Est-ce le spleen des Anglais
Qui veut empoisonner ma vie ?
Cependant j'ai l'esprit français
Et je n'aime que ma *patrie*.

Depuis qu'on a tout emprunté
Des autres peuples de la terre,
On cherche la diversité,
Notre goût même est tributaire ;
Mais réprimons cette fureur,
Des fous n'ayons pas la manie,
Gardons l'urbanité, l'honneur,
Les usages de ma *patrie*.

Trop longtems on a dénigré
Nos guerriers, fils de la victoire ;
Mais l'adulateur à son gré
Ne ternira jamais leur gloire.

Dans les combats, dans le repos
Ils savent mépriser l'envie ;
Honorons les vaillans travaux
Des soutiens de notre *patrie*.

L'HOMME GÉNÉREUX.

ROMANCE.

AIR : C'est à mon maître en l'art de plaire.

DANS tous pays on rend hommage
A l'honneur, à la probité ;
Ces vertus étaient l'apanage,
Nous dit-on, de l'antiquité ;
Mais je vois au siècle où nous sommes,
Que, comme au tems de nos ayeux,
Il est encore chez les hommes
Des êtres bons et vertueux.

Non loin des bords de la Durance
Vivait un mortel généreux ;
Mais quoiqu'il fût dans l'opulence,
Il ne se croyait pas heureux :

Je veux employer ma richesse,
Dit-il, au bien de l'indigent;
L'aimer, lui prouver ma tendresse,
Voilà quel est mon sentiment.

Bientôt, dans son vaste domaine
Il forme un établissement
Où l'artisan, sans trop de peine,
Gagne sa vie en travaillant.
Déjà sa présence fait naître
L'espoir d'un brillant avenir;
Tout, à la voix d'un si bon maître,
Se fait un devoir d'obéir.

Lui-même il se livre à l'ouvrage,
Fuyant les plaisirs superflus,
Et son bonheur et son courage,
Il les trouve dans ses vertus:
Ardent, il sait donner l'exemple;
Bon père, il chérit ses enfans;
Ingénieux, chacun contemple
Et son esprit et ses talens.

Hélas! la Parque meurtrière
Le frappe au sein de ses travaux;
L'ami de la nature entière
Descend au séjour des tombeaux!...

Il n'est plus ; mais dans la contrée
Le pauvre verse encor des pleurs,
Et son image révérée
Repose au fond de tous les cœurs.

Honneur à qui de son semblable
Se rend le père généreux !
Il tient du pouvoir ineffable
Qui caractérise les dieux :
Son cœur, ouvert à l'infortune,
Goûte chaque jour mille attraits ;
Sa richesse devient commune,
Tout ressent ses nombreux bienfaits.

MON CARACTÈRE.

Silène m'engage
A fuir les amours,
Et son doux breuvage
Embellit mes jours ;
Fier de ses exemples,
J'encense les temples
Du divin Bacchus ;
Je suis infidèle,
Pourtant dans Adèle
J'aime les vertus.
Quand sous la coudrette,
Dans un tête à tête
Où l'amour parait,
Soudain je m'éveille,
Je cours sous la treille
Et bois à long trait.
Si de mon absence
Adèle en souffrance
Forme d'autres vœux,
Pour calmer la belle,
Je lui dis : Cruelle,
Viens, buvons tous deux.

L'AMATEUR DES TONNEAUX.

Air : Tous les bourgeois de Châtres.

Chacun a sa manie
Dans ce vaste univers ;
L'un chante son amie,
Et l'autre nos travers ;
Moi, qu'un heureux destin entraîne vers Pomone,
J'aime le culte qu'on lui rend,
Aussi je veux, dans ce moment,
Rendre hommage à la *tonne*.

Non comme Diogène
Je chéris le tonneau ;
Ennemi de la gêne,
J'abhorre un tel château;
Mais pour me divertir, et quand Bacchus l'ordonne,
Dans ma cave je cours soudain,
Sur un flacon je mets la main
Et bois sur une *tonne*.

Au quatrième étage
Est mon petit réduit;
Je n'ai pour tout ménage
Qu'une table et mon lit;
Pour m'asseoir (goûtez bien si ma raison est bonne)
Je prends, je le dis sans façon,
N'ayant point de présomption,
Pour fauteuil une *tonne*.

Quand le mois de septembre
Offre ses fruits charmans,
J'abandonne ma chambre
Et je parcours les champs;
Avec les vignerons aux travaux je m'adonne;
Je goûte un plaisir enchanteur
De voir fuir la douce liqueur
Du cuvier dans la *tonne*.

De la gastronomie
Je chéris les statuts;
J'aime autant que la vie
Épicure et Bacchus;
Aussi dans un repas, quand l'ordonnance est bonne,
Mes mains touchent à chaque mets,
Et je sors gaîment du banquet,
Rempli comme une *tonne*.

Certain jour une belle
Avait su me charmer ;
Elle fut infidelle
Et cessa de m'aimer ;
Mais, pour me consoler, je dis à la friponne :
Femme ingrate, fuis mes regards,
Je déteste tes étendards
Et retourne à ma *tonne*.

Pour noyer la tristesse,
Étourdir le chagrin,
Amis, il faut sans cesse
Avoir recours au vin ;
Si dans un beau transport notre bouche fredonne
Des couplets dignes des buveurs,
A qui devons-nous ces faveurs ?
C'est au jus de la *tonne*.

COUPLETS

POUR LES DEUX FÊTES RÉUNIES DE LOUIS ET DE SUZANNE.

Même air que le précédent.

Daigne monter ma lyre,
Digne fils d'Apollon ;
Je veux, dans mon délire,
Forger une chanson :
Pour ton culte divin je ne suis point profane,
Aussi je te prie instamment
De m'inspirer un compliment
Pour *Louis* et *Suzanne*.

Hé quoi ! déjà ma verve
Vient de faire un couplet ;
Pourtant je me réserve
D'en faire un plus complet ;
Mais si de mal rimer la raison me condamne,
Sans être poète, en ce jour
Je peux témoigner mon amour
A *Louis*, à *Suzanne*.

A ce plaisir extrême
Je ne puis résister,
C'est un frère que j'aime
Qu'il s'agit de fêter;
Afin que l'amitié jamais ne me chicane,
Je veux partager mon ardeur
Et faire deux parts de mon cœur
Pour *Louis* et *Suzanne*.

Je voudrais que la Parque
Leur filât d'heureux jours;
Que de Caron la barque
Cessât pour eux son cours;
Et que dans quarante ans, gais comme Aristophane,
Nous pussions boire à la santé
Ainsi qu'à la félicité
De *Louis*, de *Suzanne*.

IMPROMPTU

à une laide femme que je surpris au bain, et qui me dit:
Retirez-vous, profane.

MADAME, si je suis profane,
Je crains fort peu votre aiguillon,
Car à coup sûr vous n'êtes point Diane,
Et je ne suis pas Actéon.

LA MÉPRISE.

Paul et Bertrand, d'humeur badine,
Se rencontrèrent en chemin :
— Buvons canon ; — Buvons chopine,
Et bannissons notre chagrin. —
Au cabaret du voisinage
Ils se font servir du *nectar* :
— Tâtez de celui-ci, dit l'homme de boutique ;
Pour attirer mainte pratique,
Je ne vends que du vieux Pommard. —
Bertrand le goûte : — Oh ! dit-il, que c'est fade !
Il est bon pour purger ou pour des lavemens :
Aussi bien ma femme est malade,
Je prends ici tous mes médicamens.
— Chut ! lui dit Paul, ne vas pas te méprendre,
Soyons discrets jusqu'à la fin ;
Nous sommes dans ce lieu chez un marchand de vin,
Paix donc ! il pourrait bien t'entendre.
— Je l'oubliais, répond Bertrand ;
L'apparence souvent a trompé le vulgaire ;
A la marchandise qu'il vend,
Je le prenais pour un apothicaire.

---

*

NAÏVETÉ D'UN JOUEUR.

Dans ces antres où la fortune
Reçoit de si cruels échecs,
Où redoutant une chance commune
Les foux promettent bien d'être plus circonspects,
Un franc joueur, d'un coup de promptitude,
Posa sur le tapis,
Selon sa mauvaise habitude,
Une somme de cent louis;
C'était de son avoir le reste déplorable:
Il prétend regagner les fonds qu'ils a perdus;
Mais le Sort a parlé, tout à coup sur la table
Le trop fatal rateau ramasse ses écus.
Ne possédant plus rien, réduit à la misère,
Il fit, en sanglottant, ce ridicule aveu:
Dorénavant, dit-il, je serai plus sévère,
Je ne jouerai plus si gros jeu.

LE PARAPLUIE.

Certain gascon, vêtu comme un seigneur,
Tenait en main un parapluie
Percé de trous, et méritant, d'honneur,
D'être mis à la friperie.
Il pleuvait fort; ses épaules, son dos
Recevaient les torrens que le ciel en colère
Ajoute par fois à nos maux
Lorsqu'il veut inonder la terre.
Notre homme donc rencontre un ami fort plaisant
Qui lui dit, en voyant sa chemise trempée :
Ah! dans quelle triste équipée
Je te trouve dans ce moment!
A quoi te sert, pauvre apôtre,
Ce parapluie en lambeaux?
Vite! troque-le contre un autre,
Ou fais-y mettre des morceaux.
— Sandis! jé sais fort bien qué cé meuble est utile;
Si lé mien est mauvais, cé n'est par intérêt;
N'est-il pas assez bon pour parcourir la ville
Par le mauvais tems qu'il fait?

SUR LA MISANTROPIE.

Que je plains le mortel qui, par philosophie,
Aime à passer ses jours dans la misantropie,
Et, loin de ses parens et de tous ses amis,
Se plait dans son réduit comme en un paradis!
Ne vaudrait-il pas mieux, aimant les humeurs sombres
Qu'il descendît bientôt au royaume des ombres?
Il y verrait de quoi contenter son désir;
D'abord le vieux Caron viendrait l'entretenir;
Puis avec son esquif, fendant le sein de l'onde,
Il passerait mon homme au fond de l'autre monde;
Dès qu'il apercevrait le grand diable Pluton,
Tisiphone, Mégère et l'affreuse Alecton,
Il dirait, renonçant à sa mélancolie:
Je préfère à l'enfer l'homme et sa compagnie.

*Extrait d'une Epitre à M. B***.*

TABLE.

FIN.

www.ingramcontent.com/pod-product-compliance
Ingram Content Group UK Ltd.
Pitfield, Milton Keynes, MK11 3LW, UK
UKHW022059170726
13837UKWH00003B/1014